Inhalt

Hanne Baar

Gott macht das Krumme gerade

Essays zum Nachspüren

Hymnus-Verlag

3. Auflage

© Hymnus-Verlag Hanne Baar, 97228 Rottendorf 1994

Umschlaggestaltung: image design Albrecht Fietz, Landsberg
Druck: Schönbach-Druck GmbH, Erzhausen

ISBN: 3-9803801-0-6

Geleitwort

Es fällt oft schwer, negative Haltungen wie Eifersucht, Dominanz, Leistungsorientiertheit usw. im eigenen Leben zu erkennen. Und es fällt noch schwerer, diese zuzugeben und dann loszulassen, obwohl wir sie als negativ identifizieren.
Warum ist das so?

Negative Haltungen sind unsere individuellen Lösungen, um mit der gefallenen Schöpfung in und um uns ohne die Erlösung Jesu Christi fertig zu werden. Sie sind Selbsterlösungsversuche und Schutzmechanismen, die im Laufe unserer Biographie unsere gefallene Identität ausmachen.

Aber dieser alte Mensch ist mit Jesus gekreuzigt worden!

Gott macht das Krumme gerade. Das bedeutet nicht, daß diese negativen Haltungen nun geradegebogen werden, sondern daß unser verkrümmtes Herz, in dem diese Haltungen wurzeln, von Gott erneuert wird. Das geschieht unter Schmerzen, mit vielen Widerständen, aber unter der sanften, liebevollen Behandlung des Heiligen Geistes.

Hanne Baar beschreibt solche Haltungen, ihre Wurzeln, ihre Verzweigungen, ihre Dornen, und man bekommt mit der Zeit Geschmack, sich auf dieses Detektivspiel um die eigene Seele unter der liebevollen Führung unseres himmlischen Vaters einzulassen, auch wenn es manchmal weh tut.

Werner May

Vorwort

Die hier erscheinenden Aufsätze, die in den letzten Jahren nach und nach entstanden sind, bestehen alle aus demselben Stoff: der Erfahrung von Gottes Werben um unser Herz. Einsichten und Erkenntnisse, die in der Not der Ausweglosigkeit eines Denkens, das allein von der Psychologie und vom »Zeitgeist« geprägt war, Orientierung gaben, fielen in diesen Herzensbegegnungen nebenbei ab und wollten gestaltet werden. *

Es freut mich, daß es sich jetzt ergibt, sie in einem Büchlein herauszubringen, und ich hoffe, daß der Leser wie es der Titel (im Untertitel) nahelegt, die geschilderten Zusammenhänge nachspürt, sich das, was eine Resonanz in ihm bewirkt, nimmt und für die eigenen Konflikte und anstehenden Entscheidungen Gewinn daraus empfängt.

In diesem Sinne wünsche ich beim Lesen überraschende Aha- Erlebnisse und eine herzliche Freude daran.

Hanne Baar

---

* Die Aufsätze sind im Zeitraum von 1985 bis 1990 bereits erschienen. Aufsatz Nr. 1, 3, 6, 7 und 8 im IGNIS-Journal, Mitteilungsblatt der Deutschen Gesellschaft für Christliche Psychologie e.V., Aufsatz Nr. 2, 8 und 10 in »Dienender Glaube«, Zeitschrift für Ordensfrauen, Aufsatz Nr. 4 und 5 in »Lydia«, Die christliche Zeitschrift für die Frau.

Kritisch und begeistert

In meiner ersten Begeisterung 1976 (zwei Jahre, nachdem die »charismatische« Welle des Heiligen Geistes auch mich erfaßt hatte) verfaßte ich voller Dankbarkeit für meine Freunde und Bekannten folgenden Aufsatz. Er war eine Antwort auf die Frage, wie ich als Psychologin das speziell Charismatische erlebe, die Gaben des Heiligen Geistes, die Wunder. Was ich damals ausgedrückt habe, gilt für mich heute immer noch, ja, Gott wurde mir seither immer realer, die Erfahrungen mit ihm gehen weiter und tiefer.

Ein Bekenntnis

Es scheint mir, daß die meisten Einwände des Unglaubens psychologischer Art sind. Wer nicht glaubt, daß der lebendige Gott die Dinge tut, die wir im charismatischen Aufbruch erleben, dem bleibt kaum eine Wahl, er muß zu psychologischen Erklärungen greifen. In manchen Fällen bieten sich psychologische Erklärungen an, in anderen Fällen werden sie unterstellt, wobei man offenbar von einer Art Grundaxiom ausgeht, alles sei psychologisch erklärbar. Es sind meiner Erfahrung nach psychologische Laien, die die Psychologie so überschätzen. Der Berufspsychologe kennt die Grenzen seines Faches. Er macht keine Aussagen über Dinge, die nicht in wissenschaftlicher Weise untersucht wurden, oder gar über Dinge, die sich solchen Untersuchungsmöglichkeiten entziehen. Für die Frage, ob der lebendige Gott heute noch sichtbar und spürbar wirkt, hält er sich nicht zuständig.

Es gibt Dinge, die anzunehmen mir aufgrund meines psychologischen Denkens besonders schwer wurden. Wenn durch Gebet Heilung eintrat, fiel es mir lange Zeit schwer zu glauben, daß dies durch die Gnade Gottes bewirkt wurde und nicht durch Suggestion. So erlebte ich z. B., daß ein Epileptiker unmittelbar vor Ausbruch eines Anfalls um Gebet bat, und daß der Anfall, der schon begonnen hatte, gestoppt werden konnte. Das fand ich sehr schön, hielt es aber für Suggestion. Auch, wenn bei Infektionskrankheiten nach Handauflegung Heilung auftrat, hielt ich das für Suggestion. So recht erklären konnte ich mir zwar nicht, wie die Viren sterben sollten durch Suggestion, aber ich vermutete irgendwelche Zusammenhänge über die Abwehrkräfte und die Antikörper im menschlichen Organismus. Der Gedanke an Suggestion trat erst in den Hintergrund, nachdem ich mit eigenen Augen gesehen hatte, daß ein verkürztes Bein innerhalb von Sekunden auf die normale Länge herauswuchs, während man leise darüber betete. Hier glaubte ich auch erst an Suggestion und zwar an eine, die mich betraf, die meine Wahrnehmung beeinflußte, so daß ich sah, was ich zu sehen erwartete. Diese Vorsicht verlor sich dann aber, als alle Umstehenden den Herrn priesen für dieses Wunder, das auch sie mit eigenen Augen gesehen hatten. Seither ist es mir gleich, ob Suggestion mit im Spiel ist oder nicht, seither weiß ich, daß Heilungswunder, von denen überall berichtet wird, über das, was ich begreifen kann, hinaus gehen.

Der Jubel, die Freude und das Halleluja charismatischer Veranstaltungen sind der Jubel, die Freude und das Halleluja darüber, daß Gott lebt, daß er ein persönlicher Gott ist, der uns persönlich kennt, nicht irgend etwas Abstraktes, sehr weit weg, was allein über die Naturgesetze anonym, automatisch und berechenbar auf unsere Welt hier Einfluß nimmt. Die Freude an den Gnadengaben, die Freude an den Wundern, ist die große Freude darüber, daß Gott nicht tot ist oder unerreichbar weit. Inzwischen gebe ich mich mit den Erklärungen der Bibel zufrieden. Mir bleibt da gar nichts anderes übrig, wenn ich die beobachteten Phänomene einordnen will. Ich kann nicht mehr dogmatisch davon ausgehen, daß Gott prinzipiell nicht in Naturgesetze eingreifen oder sie außer Kraft setzen könnte. So wie ich meinen Kassettenrekorder sowohl automatisch als auch von Hand aussteuern kann, so kann Gott offenbar automatisch über die Naturgesetze wirken, aber auch individuell und persönlich, sozusagen von Hand.

Die Waffen zu strecken und vor Gott wie ein Kind zu werden, ist mir als Psychologin nicht schwerer als anderen, manchmal sogar vielleicht leichter, weil ich die Begrenztheit meines Fachgebietes kenne. So sehe ich, daß in vielen Fällen die Dinge nur mit Namen versehen wurde. Man kann zum Beispiel ein bestimmtes Krankheitsbild als Schizophrenie bezeichnen, was aber noch nicht heißt, daß man wüßte, was Schizophrenie ist. Auch gibt es Phänomene, die mir gerade als Psychologin wunderbar erscheinen. Im Düsseldorfer Jesus-Haus erlebe ich es, wie Menschen sich verwandeln. Innerhalb von Wochen oder wenigen Monaten werden sie schön und in ihrem Ausdrucksverhalten ganz frei. Das ist ein Prozeß, den muß man beobachtet haben, der läßt sich gar nicht beschreiben. Man muß gesehen haben, wie ausgesprochen hoffnungslose Typen durch die Altstadt-Evangelisation oder auch aus Neugier zu den Gottesdiensten kommen, wie sie erst ziemlich verwirrt und verkrampft in den Reihen der Gläubigen stehen, bis sie sich dann langsam entspannen und anfangen, ihre Hände zu heben und Gott zu preisen, wie sie dabei allmählich aufblühen, Schüchternheit und Angst ablegen und schließlich froh und unbefangen Zeugnis davon geben, was Gott in ihrem Leben wirkt.* Was ich hier erlebe, ist Heilung. Wenn ich das vergleiche mit psychologischen Therapieerfolgen! Selbst als ich noch nicht glaubte, daß der persönliche Gott diesem persönlichen Menschen seine persönliche Gnade schenkt, war mir schon klar, daß in uns ein Grundbedürfnis nach einer Beziehung zu Gott bestehen muß, ein Grund-, nicht ein Ersatzbedürfnis. Wenn ich zusammen mit gläubigen Christen Gott preisen und Halleluja singen durfte, kam es mir so vor, als hätte ich endlich den Platz eingenommen, auf den ich meiner eigentlichen Natur nach gehöre.

* Vergleiche auch Hanne Baar: Kommt, sagt es allen weiter. Eine Christin berichtet über charismatische Erfahrungen. Mit einem Nachwort von Karl Rahner, Verlag Herder 1983.

Besonders zwei Begriffe werden von Skeptikern immer wieder ins Gespräch gebracht: Massenphänomene und Ekstase. Massenphänomene im Sinne von unkontrollierter Enthemmung und Gefühlsansteckung treten meiner Erfahrung nach gerade nicht auf. Wenn ich an die zehntausend charismatischen Katholiken denke, die sich Pfingsten 1975 in Rom versammelten, so war das eine ausgesprochen sanfte, geordnete Masse. Wenn man ins Gebet kam, wurde es so still, daß wir die Vögel singen hören konnten. – Und Ekstase? Beim Beten und Singen kann sich große Freude und Begeisterung entwickeln. Eigentlich ekstatisch sind die Gottesdienste nie. Und wenn sie es wären? Was ist das denn, Ekstase? Auch wieder ein Name für etwas, von dem wir so gut wie nichts wissen. Psychologisch mindestens ebenso interessant ist die Frage, weshalb solche Angst besteht vor Gefühlsäußerungen.

Im Zusammenhang mit der Jesusbewegung hörte man Kritik in der Richtung, daß die Drogensüchtigen umgestiegen seien auf Jesus, den man als eine neue Art von Droge betrachte. Es mag sein, daß es hier verrückte Auswüchse gibt. Dafür jedoch, daß man sich im Herrn fast rauschartig freuen kann, so daß es Drogenwirkungen in den Schatten stellt, preise ich Gott. Vor ihm ist Begeisterung doch endlich an der richtigen Adresse. Wir müssen da nicht Wasser in die Flammen gießen. Das einzige, was mich stören könnte, wäre unechter Ausdruck, gemimte Begeisterung, um Gruppen in Schwung zu bringen, falsche Töne. Da wir noch nicht im Paradies sind, könnte es sein, daß wir so etwas gelegentlich erleben.

Zum Schluß noch ein Gebiet, auf dem mir statistisches Denken sehr in die Quere kam. In meiner Ausbildung wurde Wert darauf gelegt, daß wir zumindest soviel von der Wahrscheinlichkeitslehre begriffen, daß wir wußten, unter welchen Bedingungen wir von Zufall sprechen müssen oder ob (und mit welcher Wahrscheinlichkeit) Zufallszusammenhänge ausgeschlossen werden können. Wir wurden belehrt, wie leicht man irrtümlich Zusammenhänge annimmt, wo in Wirklichkeit Zufallsbeziehungen herrschen. Seit ich weiß, daß Gott Gebete erhört, mache ich davon Gebrauch. Ich bitte Gott um alles mögliche und erlebe die erstaunlichsten Gebetserhörungen. Ich danke dann dafür und denke im Stillen: »Ob das nicht doch Zufall war?«. Aber Gott in seiner Güte gibt mir so viele deutliche Zeichen, wie für mich und mein durch Wahrscheinlichkeitslehre geprägtes kritisches Denken notwendig sind. So erlebte ich kürzlich eine fast lustige Gebetserhörung. Bei einer gesegneten Versammlung der »Geschäftsleute des vollen Evangeliums« empfand ich einen Orgelspieler als sehr störend. Ich kannte ihn schon von einer früheren Versammlung her. Dort hatte er sogar den Sprachengesang überlaut begleitet. Ich überlegte eine Weile und bat dann Gott, irgend etwas mit den elektrischen Kontakten zu tun, so daß die Orgel nicht mehr so stören konnte. Unmittelbar nach diesem Gebet fielen drei kleine Lämpchen im vorderen Teil des Saales aus, die Orgel schwieg. Der Leiter der Veranstaltung teilte mit, daß wir auf das Orgelspiel verzichten müßten, offenbar sei eine Sicherung durchgebrannt. Die Hauptbeleuchtung brannte nach wie vor. Erst er-

schrak ich, dann fühlte ich mich beschämt und ge-
rührt und streckte auch hier schließlich die Waffen,
das heißt, ich gab es auf, noch weiter Zufallsberech-
nungen anzustellen. Ich bat Gott um Vergebung für
meinen Unglauben und dankte ihm für seine Geduld.

Daß mir ein solches, im Grunde belangloses Er-
eignis zum Beweis wurde für Gottes Nähe und für
seine (offenbar keinesfalls humorlose) Allmacht,
muß mit Gewißheiten zusammenhängen, die Gott
selbst in dem Moment in mir wirkte. (Ich habe nicht
die Erwartung, daß der Leser von diesen Fakten so
beeindruckt ist, daß sie auch ihm ein Beweis sind.
Gott macht jeden auf eine andere Weise sicher.)

Ich danke Gott für meinen Verstand. Ich danke
ihm, daß ich Gesetzmäßigkeiten studieren durfte
und darf, die er in seine Schöpfung hineingelegt
hat. Ich bin gerne Psychologin. Ich habe ein Berufs-
ethos und fühle mich zu wissenschaftlicher Exakt-
heit verpflichtet. Aber seit ich – aufs äußerste erstaunt und völlig überrascht – erfahren habe, was
Gott tut, wie er offenbar tatsächlich »seinen Geist
ausgießen will auf alles Fleisch« (Joel 3,1), schmerzt
es mich, wenn Christen und insbesondere Theolo-
gen über den psychologischen Rahmen nicht hin-
auskommen, wenn sie mit Gewalt alles darin un-
terbringen wollen in der Annahme, das seien sie
ihrer wissenschaftlichen Redlichkeit schuldig. Ich
kann es schlecht mit ansehen, was sie sich selbst
damit nehmen. Es tut mir wirklich weh.

Wonach sich das Herz verrenkt

Eine Betrachtung zum Thema Haltungssünden

Per Herzenshaltung »hält« man ein bestimmtes Eigenziel, auf das die zunächst unbewußte Motivation gerichtet ist. Stolz hat das Ziel der Selbsterhöhung. Neid hat einen anderen Aspekt (»ich will auch...«). Dem Herzen ist sein Ziel wichtiger als Gott. Es glaubt, sterben zu müssen, wenn es dieses Ziel aufgeben soll. Wenn es diesem Ziel aber stirbt, wird es leben in Fülle.

Die Namen der Haltungen sind Namen von Sünden. Sie zu kennen ist zur Orientierung wichtig. Allein schon den Namen herauszufinden, ist Hilfe. Am Namen werden die Haltungssünden aufgespießt und in die Sonne gehalten (= Beichte).

Haltungen von Bitterkeit, Gier, Kritiksucht, Selbstgefälligkeit, Rebellion, Dominanz, Neid, Geiz, Ablehnung, Sorge, Mißtrauen, Wut, Feigheit... springen mitsamt ihren Qualen unter bestimmten Umständen auf bestimmte, fest umrissene Signale hin reflexhaft an.

Im Fahrwasser der Haltungssünde gefangen, fühlt man sich nicht sündig, sondern im Recht.

Um die eigene Haltung als Sünde zu identifizieren, bedarf es einer Entscheidung zur Wahrhaftigkeit und der Bereitschaft, auf die Stimme des Gewissens zu hören, so daß eine »Überführung durch den Heiligen Geist« stattfinden kann.

Der praktische Ausweg aus der Haltungssünde geht über die gegenteilige oder über die gleichsinnige Tugend, z. B. der Ausweg aus dem Stolz über Demut und echtes Selbstwerterleben, der Ausweg aus der Gier über Verzicht und wirklichen Genuß.

Das stolze, neidische... Herz, das sich vom Eigenziel trennen und Gottes Willen tun will, bekommt es mit einem Angstwiderstand zu tun, der es in die Ausgangshaltung zurückdrängen will, so wie man eine Tür schlecht ganz öffnen kann, wenn jemand dahinter steht und gegendrückt.

Die Angst operiert mit Erinnerungen (Bildern), und zwar mit genau den Erinnerungen, unter denen sie entstanden ist.

Die Eingaben der Angst (oder eines Aufwieglers) gehen direkt an das Herz, das ihnen schneller glaubt, als der Verstand protestieren könnte.

Der Körper reagiert augenblicklich auf das dem Herzen Eingegebene so, als sei es real. Aus diesen Körperreaktionen erklären sich psychosomatische Störungen.

Das Ziel der Liebe Gottes mit uns ist, uns in eine Haltung zu bringen, an der alle Quälimpulse sozusagen abrutschen. Das ist dann der Fall, wenn uns nichts mehr wichtiger ist als Gott. Den Quälimpulsen sind in dieser Haltung die Argumente genommen. Diese Haltung hatte Jesus. Er sagt: In mir hat Satan nichts (Joh. 14,31).

Haltungssünden sind ursprünglich entstanden, weil man einen bestimmten Schmerz nicht ertragen wollte. Sie sind zu verstehen als die Handreichung des Bösen in der Not. Vgl. die Geschichte von Kain und Abel: Die Alternative zu Neid, Haß und Mord wäre gewesen, den Schmerz, nicht so angesehen zu sein wie der Bruder, hinzunehmen und zu vergeben und gleichzeitig die Hoffnung nicht zu verlieren.

Haltungssünden geben nur scheinbar Hilfe in der Not. In Wirklichkeit wird die Not größer.

Haltungssünden, wenn man sich ihrem Fahrwasser überläßt, haben ihre eigene Sicht, ihr eigenes Denken, ihr eigenes Fühlen, ihr eigenes Handeln, ihre eigenen Absichten. Insofern sind sie wie Personen.

Wenn das zu Eskalationen neigende Leid, in das man durch Haltungssünden kommt, seinen Höhepunkt erreicht hat, besteht die Chance, eine solche Haltung, d.h. ihr Ziel, aufzugeben. Darin liegt der Sinn von Krisen. Sobald das geschieht, wird Trauer möglich. Der ursprüngliche Schmerz, die ursprüngliche Trauer können nun durchlebt werden.

Weil das Schlimmste eintritt, was man je befürchtete, und weil man es doch übersteht, verliert sich die Todesangst, die die Haltungssünde aufrecht erhielt.

Damit dieser Effekt eintritt, ist es nicht unbedingt nötig, die hier skizzierten Zusammenhänge zu durchschauen.

Haltungssünden repräsentieren das Wesen Satans in dieser Welt.

Als Christen haben wir die Möglichkeit, das Wesen Jesu im Heiligen Geist in uns aufzunehmen, die Chance, das Gegenteil von Haltungssünden, nämlich die »Frucht des Geistes«, durch Gnade in uns zu realisieren.

»Die Frucht des Geistes aber ist Liebe, Freude, Friede, Geduld, Freundlichkeit, Gütigkeit, Glaube, Sanftmut, Keuschheit (Gal. 5, 22).«

Die Entstehung negativer Haltungen

durch das Zusammenwirken von Nichtvergeben, Rebellion und Stolz

Wer kennt nicht die Geste, sich (zumindest innerlich) empört auf dem Absatz herumzudrehen? Eine Geste, die sagen will: »So nicht, nicht mit mir. Hier ist die Grenze dessen, was ich zu vergeben und wo ich mitzuspielen bereit bin.«

Auf kleinere oder größere, wirkliche oder vermeintliche Mißlichkeiten in dieser Weise zu reagieren, ist ein Phänomen, dem man bei sich selbst oder bei anderen so oft begegnet, daß diese Reaktion fast normal erscheint. In Wirklichkeit ist diese Gebärde höllisch. Vor allem in den Konsequenzen, die sie auf die Dauer gesehen für unser Leben und Erleben hat.

Es handelt sich, wenn wir so reagieren, um trotzige Festlegungen, die in der geistlichen Welt Gültigkeit haben und mit denen wir uns aus denjenigen Lebensbereichen ausgrenzen, um die es gerade geht. Unsere Absicht ist dabei, Grenzen zu unserem Schutz zu setzen. In Wirklichkeit aber, und da steckt der Pferdefuß, errichten wir Blockaden, die uns in zukünftigen, ähnlich gelagerten Situationen als Hindernisse im Weg sind, indem sie den wohlbekannten »inneren Widerstand« darstellen, der nun automatisch in uns anspringt. Ja, die Grenzen der Vergebens- und Kooperationsbereitschaft, die wir setzen oder, wenn wir sie schon in der Kindheit gesetzt haben, neu bekräftigen, bilden nach und nach diejenigen wohlbekannten und gefürchteten inneren Mauern, die es an sich haben, mit der Zeit höher, dicker und enger zu werden. Sie sind die Ursache für Charakterentwicklungen, die durch fortschreitende innere Verarmung, Vereinsamung und Verfinsterung gekennzeichnet sind. Nichtvergeben, Rebellion und Stolz wirken in diesen Prozessen Hand in Hand.

Die Handreichung des Bösen in der Not

Stolz hat zu tun mit Ansprüchen. Ansprüche in dem hier gemeinten Sinne unterscheiden sich von Wünschen, Bitten und Erwartungen, auch von Hoffnungen und Glaubensgewißheiten gegenüber Gott, und zwar durch die unterschwellig angedrohte Verweigerung, falls sie sich nicht erfüllen.

Je stolzer jemand ist, um so höher sind seine Ansprüche an sich, an andere und an die Umstände seines Lebens, und um so schmerzhafter ist es, wenn sich diese Ansprüche nicht erfüllen. Nichtvergeben und Rebellion bieten sich als scheinbare Hilfe oder Genugtuung an, wenn Ansprüche frustriert werden.

Zusammenfassend darf man sagen: Anmaßende Ansprüche sind ein Erscheinungsmerkmal des Stolzes. Kombinierte Reaktionen aus Nichtvergeben und Rebellion erwachsen aus der Frustration oder

Desillusionierung dieser Ansprüche und gehen einher mit der inneren Grenzziehung: »So nicht, nicht mit mir. Hier ist die Grenze dessen, was ich zu vergeben oder mitzuspielen bereit bin.« Auch wenn das nicht ausdrücklich ausgesprochen, sondern nur tief verborgen gedacht wird, hat es zur Folge, daß sich in uns Mauern von innerem Widerstand bilden und festigen. Der innere Widerstand richtet sich mit vorwurfsvollem »Nein« gegen genau die Themen oder ihr aussoziatives Umfeld, denen gegenüber wir unser »So nicht, nicht mit mir« festgelegt haben.

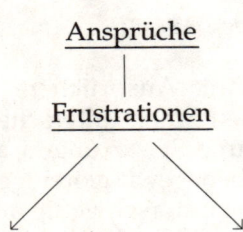

Ansprüche

|

Frustrationen

Nichtvergeben

»So nicht, nicht mit mir! Hier ist die Grenze dessen, was ich zu vergeben bereit bin.«

Rebellion

»So nicht, nicht mit mir! Hier ist die Grenze dessen, was ich mitzuspielen bereit bin.«

Haben wir uns erst einmal angewöhnt, auf Ent-
täuschungen empört oder beleidigt im Sinne von
»So nicht, nicht mit mir...« zu reagieren, dann
kommt es bald zu Automatismen dieser Art, das
heißt zu Reaktionen, die kaum noch als freie Entscheidungen gewertet werden können, so schnell
und reflexhaft rutschen sie heraus. Der Zugang,
wenn man sie rückgängig machen will, erfolgt über
das (meist nachträgliche) Aufspüren der Inhalte unserer Vorwürfe, also indem wir uns fragen: Was genau werfe ich dem anderen (oder mir selbst) eigentlich vor? Was genau halte ich für unverzeihlich?

In unzufriedenen Gefühlen oder gar chronischer
Unzufriedenheit, in gereizten Reaktionen, un-
gerechten Unterstellungen, auch in dumpfen De-
pressionen steckt immer Vorwurf. Der genaue Inhalt dieses Vorwurfs kann herausgefunden werden. Sobald das geschehen ist, kann die – meist
schon in der Kindheit aufgerichtete – Grenze einge-
rissen werden durch einen Akt des Vergebens und
der Umkehr von Rebellion. Es kommt dabei darauf
an, für die getroffenen Verweigerungserklärungen
die entsprechenden Einwilligungserklärungen zu
finden und vor Gott auszudrücken. »Einwilligen«
heißt, Gott zuzusagen, ihm auch unter diesen Umständen zu gehorchen, zu vertrauen und nach seinem Willen zu fragen.

Beispiele für rebellische Festlegungen: »Wenn
meine Leistung nicht anerkannt wird, dann setze
ich mich auch nicht mehr ein. So nicht...« – »Wenn
man mich doch nicht versteht, dann breche ich die

Kommunikation ab...« – »Wenn ich zu Unrecht kritisiert werde, dann sollen sie sehen, wie sie ohne mich zurecht kommen...« – Die Formulierung für die sehr genau und ausdrücklich und immer wieder neu zu vollziehende Umkehr an diesen neuralgischen Punkten unseres Charakters lautet dann den Festlegungen entsprechend: »Auch wenn mich keiner lobt, setze ich mich doch weiterhin ein.« – »Auch wenn ich mich nicht verstanden fühle, so breche ich die Kommunikation doch nicht ab.« – »Auch dem gegenüber, der mich zu Unrecht kritisiert, bleibe ich zugetan, zumindest will ich das üben mit Gottes Hilfe.«

Nicht die Menschen oder die Umstände sind unsere Feinde, sondern die Mächte der Finsternis, die uns erst bis aufs Blut reizen und uns dann mit dem Angebot von Rebellion scheinbare Hilfe bringen. Wer das nicht durchschaut und an seinen rebellischen Festlegungen trotzig festhält, ist in einem Pakt mit dem Geist der Rebellion. Wie sich herausstellt, sind wir darin aber die Betrogenen, denn die Überlegenheit oder Genugtuung im Stolz, in deren Genuß uns die stolzen Reaktionen bringen, haben einen sehr hohen Preis.

Sich zu demütigen ist nur im ersten Moment beschämend. Je schneller wir uns Gott und seinen Geboten beugen, um so schneller finden wir durch das Nadelöhr hindurch, das uns jenseits von Stolz und Rebellion in die Freiheit des Reiches Gottes bringt, wo sich unsere Ansprüche – nun von Gott her – durchaus erfüllen können. Und nicht nur das: Gott will uns mit allem, was wir brauchen, über Bitten und Verstehen gerne segnen.

Aber die größte Überraschung steht noch aus. Sie besteht in der nun plötzlich zur Verfügung stehenden Fähigkeit, mit gutem Gewissen auch Nein sagen zu können, sich auf eine Weise abgrenzen zu können, die angemessen und nicht feindselig ist.

Gebet

Herr, ich will dir bekennen, daß ich mit Übelnehmen reagiere, wenn ich verletzt werde. Ich bekenne dir das als Sünde, als Gewohnheit in mir. Ich bekenne dir, daß dies Nichtvergeben in meinem Herzen bereits automatisch anspringt, daß ich oft beleidigt oder empört bin und nicht vergeben möchte, daß ich Vorwurf in mir habe, ja, sogar Ablehnung, Haß, Wut und Verzweiflung. In solchen Situationen fällt es mir dann gar nicht ein, zu vergeben. Lieber will ich angreifen oder mich zurückziehen und die Schuld allein beim anderen sehen.

Bitte vergib mir, daß ich es so schwer ertrage, wenn sich meine Ansprüche nicht erfüllen. Ich will davon umkehren und alle wirklichen oder vermeintlichen Rechte und Ansprüche an dich, dem mein Leben doch gehört, loslassen und mich unter die Umstände meines Lebens so wie du sie mir zu meinem Besten zumutest, demütigen. Ich möchte, daß sich dein Wesen der Demut und der Liebe in allen Schichten meines Charakters entfaltet und bitte dich um die Erfüllung mit dem Heiligen Geist in alle Winkel und Schichten hinein.

Ich vertrau dir, Herr, daß es mir, wenn ich mich deinen Geboten entsprechend verhalte, gut gehen wird, ja, daß gerade dann deine Verheißungen für mein Leben freigesetzt werden. Ich will auf Ungerechtigkeit nicht mehr mit Ungerechtigkeit reagieren, sondern auch wenn ich verletzt werde, zuerst danach trachten, daß dein Reich kommt, dein Reich, nicht mein Reich.

Herr, leite mich, wenn das ungewohnt ist und Angst macht. Unter deiner Führung will ich reifen und lernen, mich auf eine Weise zu behaupten, die du segnen kannst. Bitte vergib mir meine Schuld, wie ich vergebe: völlig. Danke, Vater. Amen.

Eifersucht

Eifersucht tritt unter bestimmten Umständen mit einem »Stich ins Herz« auf in dem Sinne: »Aha, ich bin nicht gefragt, nicht erwünscht«. Man sieht, andere sind zusammen, es geht ihnen gut. Aber man selbst ist außerhalb. Das muß nicht in Wirklichkeit so sein. Aber dies ist der Blickwinkel der Eifersucht.

Eifersucht tritt in leichten oder schweren Formen auf. Bei leichter Eifersucht kann man den »Stich« noch ignorieren. Bei schweren Formen ist das kaum möglich. Dann habe nicht mehr ich die Eifersucht, sondern die Eifersucht hat mich. Eifersucht kann auch chronisch sein. Das ist der Fall, wenn man nur noch eifersüchtige Gedanken denken kann. Eifersucht kann lebenslänglich sein. Achtzigjährige können noch erbittert eifersüchtig reagieren. Eifersucht kann sogar zum Eifersuchtswahn werden. Und: Eifersucht kann geheilt werden. Von Gott.

Ich habe ein dreijähriges Studium der Eifersucht hinter mir. Drei Jahre lang war ich selbst eifersüchtig. Während dieser drei Jahre konnte ich die geistlichen und psychischen Zusammenhänge beobachten. Bevor ich davon erzähle, zusammenfassend sieben wesentliche Punkte, die vielleicht wie eine Roßkur anmuten, aber doch, wenn man sie beherzigt, das Ruder herumreißen und aus dem Fahrwasser der Eifersucht heraushelfen, und zwar unabhängig davon, wie sich der Partner verhält:

1. Das Wichtigste ist, den Feind zu erkennen. Der Feind ist die Eifersucht, nicht der Partner, auch nicht der Rivale, die Rivalin, auch dann nicht, wenn der Partner Anlaß zur Eifersucht gibt.

2. Eifersucht im Herzen zu nähren und ihren Impulsen nachzugeben, ist Sünde, auch dann, wenn der Partner mehr sündigt. »Der Eifersüchtige wird das Himmelreich nicht erben (Gal. 5, 19-21).«

3. Eifersucht als Sünde einzustufen heißt nicht, sich selbst Vorwürfe zu machen, sondern es heißt, zu sehen, daß ich es bin, der von Gott Vergebung braucht und bekommt.

4. Eifersucht gedeiht auf dem Boden überhöhter Ansprüche, sprich: Stolz.

5. Eifersucht heilt nicht, solange ich dem Schmerz des verletzten Stolzes ausweiche. Eifersucht heilt, indem ich mich diesem Schmerz stelle.

6. Indem ich den Schmerz der Eifersucht ertrage und – so gut ich kann – vergebe, verändert sich mein Herz.

7. In diesem Prozeß wird man im guten Sinne stark. Das Selbstwertgefühl hängt schließlich nicht mehr von Menschen, auch nicht mehr vom Ehepartner ab.

Etappen der Heilung

Bereits aus meiner Kindheit und Jugend kannte ich es , einen eifersüchtigen Stich zu bekommen, zum Beispiel als sich einmal meine Freundin und meine Mutter gut verstanden. Ich fühlte mich ausgeschlossen, da « o weh « war der Stich. Oder: Meine kleine Schwester saß auf dem Schoß meines Freundes – wieder dieser Stich. Später habe ich mich einmal gewundert: Meine Kollegin saß vorübergehend auf meinem Platz am Schreibtisch – auch jetzt der Stich. Solche Stiche konnte ich lange ignorieren. Ich hätte mich geschämt, sie zuzugeben.

In der Ehe ist dann die Eifersucht voll ausgebrochen. Nach der Geburt eines Kindes, als mein Mann beruflich mit zwei Kolleginnen sehr viel zu tun hatte, fiel ich in ein stimmungsmäßiges Loch. Ich war sehr erstaunt, daß ein solches Loch in mir existierte, und reagierte auf eine sich steigernde Weise kindisch und hysterisch, jedenfalls so, daß es meinem Mann am Arbeitsplatz schließlich wirklich besser gefiel als zu Hause.

Was war mit mir los?

Weil ich auf die Dauer weder ihn noch die Umstände ändern konnte, blieb mir nur die Möglichkeit, bei mir anzufangen. Zu dem Zeitpunkt wußte ich bereits, was Erlösung durch Jesus Christus ist. Ich kannte den Herrn und wollte gern bis in die tiefsten Schichten meines Charakters hinein Heilung und Befreiung erleben. Im Gebet fragte ich: »Herr, was ist mit mir los? Wie komme ich aus dieser Hölle wieder heraus?«

Die erste Lektion, die ich zu lernen hatte, war, zu erkennen, daß ich eigene Sünde nicht mit der Sünde anderer rechtfertigen kann, und zu verstehen, daß Eifersucht Sünde ist. Das ist deshalb nicht so einfach zu begreifen, weil man nur den stechenden Schmerz spürt und sich in seiner Sicht des Selbstmitleids unschuldig, den Partner aber schuldig sieht.

Als nächstes versuchte ich, sämtliche Eifersuchtsreaktionen einfach zurückzuhalten. Ich wollte schweigen, statt kontrollierende Fragen zu stellen oder zu klammern oder zu vereinnahmen, mich anzubiedern und so weiter, oder auch: mich beleidigt zu entziehen. Während ich das zu praktizieren versuchte, merkte ich, daß für mich alles nur schlimmer wurde. Meinem Mann tat mein verändertes Verhalten wohl. Aber mir ging es schlechter. Und immer wieder dasselbe: Eine Zeitlang konnte ich schweigen. Aber der Wutpegel stieg. Und dann kam alles auf einmal giftig und zerstörerisch heraus.

Als ich daraufhin erneut zu Gott ging und ihn fragte: »Was ist los mit mir? Was soll ich lernen? Was soll ich tun?«, antwortete er mir mit dem Gleichnis aus Lukas 14, 7-11.

In dem Gleichnis ist die Rede davon, beim »Hochzeitsmahl«, zu dem man geladen ist, am besten gleich auf den letzten Platz zu gehen und anderen, vielleicht Vornehmeren, den Vortritt zu lassen, um dann zu erleben, daß der Bräutigam sagt: »Komm doch, rück auf in der Rangordnung der Ehrenplätze!«, zu erleben, daß der Bräutigam selbst mir den Platz anweist, auf den ich nach Seinem Willen gehöre.

Mein Krisenrezept

Die Anweisung, auf den letzten Platz zu gehen, hieß für mich, mit der Herabsetzung einverstanden zu sein, die ich in der Eifersucht so unangenehm fühlte. Und so hatte ich mein Krisenrezept, mit dem ich zu leben versuchte: den Schmerz der tatsächlichen oder vermeintlichen Herabsetzung zu ertragen und zu verzeihen. Das hieß soviel wie zulassen, daß mein stolzer Charakter im Schmerz der Demütigungen geläutert wurde.

Es wäre zu viel behauptet, daß ich in der Lage gewesen wäre, mein Krisenrezept zu praktizieren. Ich konnte es nicht. Aber: Ich konnte es lernen. Es hat einer zweijährigen Übung bedurft, bis es gelang. Das erste der drei Eifersuchtsjahre ist mit der Suche nach Orientierung und mit dem Ausprobieren verschiedener Wege, die sich als Sackgasse erwiesen, vergangen.

Als ich schließlich in der Lage war, Herabsetzungen auszuhalten und zu vergeben, wich die Eifersucht aus meinem Leben. Unterdessen war ich ein anderer Mensch geworden, weicher, freier, stärker, mehr ich selbst, so daß ich Gott für die Krise zu danken begann.

Die Liebe, die ich von meinem Mann nicht mehr erzwingen wollte, bekam ich nun – freiwillig – von ihm von Herzen gern. Auch erfuhr ich, daß, wenn man vergeben hat, offenes, vertrautes Sprechen wieder möglich wird.

Rückblickend ist alles einfach. Als ich noch darinsteckte, war nichts einfach, weil ich den Weg nicht sah. Aber rückblickend ist klar, der Weg war da. Und er war gangbar. Die ersten Schritte fielen mir sehr schwer. Dann wurde es nach und nach aber leichter, vor allem nachdem ich vor Gott den unumstößlichen Entschluß gefaßt hatte, diesen Weg zu gehen.

Das dominante Wesen

Herrschen, das Sagen haben, fürsorglich Besitz ergreifen von einem anderen Menschen, zuviel Verantwortung, zuviel Zuständigkeit übernehmen, andere und sich selbst unterdrücken mit offenen Drohungen im Sinne von »Du mußt, sonst...«, »Du darfst nicht, sonst...«, »Du bist okay, wenn du...« – oder manipulieren mit verborgenen Drohungen:

Sie ist sehr verbreitet, die Sünde der Dominanz – bei uns Frauen, aber nicht nur bei Frauen.

Wer dominiert, tut es meist in bester Absicht, aus scheinbar selbstlosen Motiven. Man hinterfragt sich erst dann, wenn man den Haken der Geschichte zu spüren bekommt, wenn es anstrengend wird. Denn zu dominieren kostet Kraft. Man kommt in eine Daueranspannung, weil man oben, groß und überlegen sein muß. Gleichzeitig – und das ist dann der andere Haken – hält man sich, gerade weil man groß und oben ist, für nicht liebenswert. Die dominante Frau wird nicht geliebt, sondern gefürchtet. Und sie liebt sich selbst auch nicht.

Aber der Wunsch, geliebt und verstanden zu werden, klein zu sein, sich anzulehnen, zu vertrauen, sich in die Obhut eines Stärkeren zu begeben, lebt unter der dominanten Oberfläche und wird immer wieder einmal bewußt und nimmt zu. Nicht selten bricht dieser Wunsch fordernd und bitter hervor. Aber Liebe läßt sich mit Forderungen nicht erzwingen. Man beginnt zu ahnen: Der Preis für die Dominanz ist hoch.

Ist die Erkenntnis bis zu diesem Punkt gelangt, schiebt man das biblische Gebot der Unterordnung nicht mehr so leicht beiseite. Nein wirklich, man spürt, dies Gebot ist im eigenen Interesse. Man sehnt sich ja danach, Frau zu sein und nicht Dominus = Herr oder Herrscher.

So weit, so gut. Die dominante Frau ist eine Frau der Tat. Sie folgt dem, was sie erkannt hat. Nun will sie nicht mehr dominant sein. Sie krempelt sich innerlich die Ärmel auf und will nun alles tun, um zu »lassen«. Sie ordnet sich unter.

Leider ist das nicht so einfach, wie sie es sich gewünscht hätte. Schon bei den ersten Versuchen erstehen alle Ängste, aus denen heraus ursprünglich das dominante Wesen entstanden ist, wieder auf: »Was ich nicht selbst mache, wird nicht gemacht (oder falsch gemacht).« – »Wenn ich das Heft aus der Hand gebe, werde ich meinerseits überfahren und an die Wand gedrückt.« – »Wenn ich nicht sorge, dann passiert etwas.«

Und der Mann, der lange dominiert wurde, der sich vielleicht nicht von ungefähr eine dominante Frau gesucht hat, wirkt hilflos, unsicher und ermutigt auch nicht gerade dazu, ihm das Ruder zu überlassen. Wer weiß, wo das Boot dann hintreibt?!

Aber es gibt einen Ausweg. Unterordnung und Vertrauen gegenüber Gott sind uns eher möglich. Gott ist groß und kompetent. Ihm wollen wir gehorchen und ihm können wir vertrauen. Das zu lernen, sind wir jedenfalls schon seit längerem dabei. Gott hat uns bereits damit überrascht, daß er nicht schläft, daß ihm nichts entgeht, daß seine Kompetenz ausreicht. Ja, Gott gegenüber gelingen Unterordnung und Vertrauen, und deshalb – im Vertrauen auf ihn – riskiere ich es, auch dem Mann zu vertrauen, den er mir gegeben und unter den er mich unterzuordnen geheißen hat.

Weil wir Gott gegenüber unsere Dominanz schon aufgegeben haben, ist die Macht dieser Sünde gebrochen. Es wird möglich, Gehorsamsschritte in Richtung Unterordnung unter den Ehepartner und auch unter andere Autoritäten nicht mehr nur notgedrungen zu tun, sondern von Herzen zu wollen, so wie der Geist uns ermutigt.

Peu á peu, Schritt für Schritt, lernt man, sich nur um das zu kümmern, was in der eigenen Verantwortung liegt, und niemandem mehr Verantwortung abzunehmen und das eine vom anderen zu unterscheiden. Man lernt zu dienen, statt zu herrschen, zu helfen, zu stützen, zu achten. Auch zu bitten oder zu ermahnen, aber darauf achtzugeben, nicht mehr einzugreifen in die Zuständigkeit des anderen, nicht mehr auszuufern und zu groß zu werden, sich nichts mehr anzumaßen, was einem nicht zusteht. Und das tut gut. Den Hauptgewinn hat man selbst davon. Das eigene unterdrückte Herz atmet auf. Man mag sich selbst wieder leiden. Auch die Familie erholt sich. Es ist noch nicht zu spät. Gott sei Dank!

Leistungsorientiertheit und Glaube

– das religiöse Syndrom

Es ist kaum zu übersehen, daß es die Taktik des Bösen ist, das Echte, das von Gott kommt, zu imitieren. Satan ist der Imitator schlechthin. Er imitiert und karrikiert alles, so daß man sich schon fast nicht mehr verständigen kann, ohne zu definieren, was man meint, das Echte oder die Karrikatur. Meint man zum Beispiel Demut oder Unterwürfigkeit, Verantwortlichkeit oder Sorge, Trauer oder Selbstmitleid, Sparsamkeit oder Geiz, Ordnung oder Pedanterie...? Aber er imitiert auch das Ganze des Glaubens, um ihn uns madig zu machen und zu rauben. Der folgende Beitrag soll zur Unterscheidung zwischen leistungsbetontem, »religiösem« Lebensstil und wirklichem Glauben dienen.

Ein Alptraum

Bei schönem Wetter auf einem hellen, großen Dampfer mit vielen unternehmungslustigen Menschen und in bester Laune beginnt man plötzlich zu zweifeln, ob man auf dem richtigen Dampfer ist. Der Zweifel wird stärker. Zuerst war man noch die bekannte Route gefahren, aber plötzlich verändert sich die Gegend. Man wird irritiert, fragt den Kapitän und vertraut schon gar nicht mehr auf seine

34

Antwort. Man muß auf der falschen Fährte sein, sonst wäre man längst angekommen. Alles dauert viel zu lange. Die Gegend und das Wetter werden jetzt immer unwirklicher, grauer, nebliger, kälter, fremder. Und mit großem Entsetzen sieht man, daß das Schiff auf eine Felsenspalte zutreibt. Und plötzlich sitzt es fest, eingeklemmt und in der Falle. – Jetzt versteht man, der falsche Dampfer war dem richtigen völlig gleich, zum Verwechseln ähnlich, aber er hatte nicht das richtige Ziel.

Religiös oder gläubig?

Dieses Bild vorausschickend, möchte ich Überlegungen anstellen über zwei verschiedene Lebensstile, den religiösen und den des Glaubens, wobei ich von einem Sprachgebrauch ausgehe, nach dem das Wort »religiös« für Menschen gebraucht wird, die selbst gut sein oder werden wollen, statt zu wissen, daß es immer nur Gott ist, der gut ist, und daß es darum geht, ihn in unser Herz aufzunehmen, um ihm dann immer mehr Raum zu geben, so daß er in uns zunimmt, während wir abnehmen. Selbst Jesus sagt: »*Was nennst du mich gut? Keiner ist gut, außer Gott allein*« (Mk. 10, 18).

Die Unterscheidung »religiös« in Abhebung von »gläubig« so kategorisch ist eine begrifflich-theoretische. In der Praxis dürften unter uns Christen beide Haltungen in allen Mischungsverhältnissen vorkommen.

Der richtige Dampfer

Berufene Bibellehrer und Hirten machen sich sehr viel Mühe, um uns das Evangelium unmißverständlich nahezubringen. Wir kommen zu einem Durchbruch in die Freude, wenn wir begreifen: »Ich aus mir bin nichts und muß auch nichts sein. Aber Gott in mir ist alles.« Die Freude kommt nicht aus der Erkenntnis, daß ich nichts bin, sondern aus der Folgerung, die daraus zu ziehen ist: »Ich muß auch nichts sein«. Druck und Streß werden damit abgehängt. DAS macht die Erleichterung.

Mit folgender Einstellung sind wir auf dem richtigen Dampfer: Ich übe mich, Gott zu gehorchen, wirklich nach ihm zu fragen, und am Ende schwingt mein Wille in Gottes Willen. Dabei erlebe ich Führung und Versorgung bis in kleinste Detail, eine Führung, die sich durch Gelingen bestätigt. Ich leiste nicht, um angenommen zu werden, sondern weil ich mich angenommen weiß, tue ich, was meine Sache ist, gern.

Die Drohung

Vom Pflicht- und Leistungsdampfer zum Glaubensdampfer zu wechseln, hat es leider und absurderweise an sich, Angst zu machen, denn der Druck, der mich auf dem Leistungsdampfer hält, der Druck von »Du mußt...« arbeitet mit einer unterschwelligen Drohung: »Du mußt..., sonst...«.

Womit sind wir erpreßbar und bedrohbar?

Was fürchte ich so über die Maßen?

Alles richtig zu machen, um den allgemeinen Normen zu genügen und dann am Ende nicht der Blamierte zu sein, der Dumme, der nichts taugt, oder auch alles richtig zu machen, damit man mit mir zufrieden ist und mich lobt, ist etwas anderes, als nach dem Willen Gottes zu fragen und ihn, so gut ich ihn erkenne, zu tun, immer wieder, auch in den kleinen Dingen und dabei das, was andere von mir denken, als zweitrangig anzusehen.

Die Falle

Angenommen zu sein, dazuzugehören, gelobt zu werden, angesehen zu sein, tut wohl und macht gute Gefühle. Abgelehnt und kritisiert zu werden, unwillkommen zu sein, ausgeschlossen zu werden oder sich so zu fühlen, tut weh und macht ungute Gefühle. Die Sorge darum, nicht die unguten, sondern die guten Gefühle zu erleben, stellt den Motor für den Leistungsdampfer dar.

Mit diesem Motor treibt der Leistungsdampfer im Fahrwasser des scheinbaren Guten. Das scheinbar Gute zieht über kurz oder lang aber das wirklich Böse nach sich, und zwar deshalb, weil man unweigerlich in Rebellion kommt, wenn man zu viel investiert für etwas, was die Sache nicht wert ist. Die Rechnung geht nicht auf. Wir bezahlen mit Verarmung. Die Angst vor Ablehnung, die mich zum Leisten motiviert, zieht die Angst, zu kurz zu kommen, unweigerlich nach sich und damit Rebellion (vielleicht auch Wut, Verzweiflung, Haß und Neid). Die besondere Tücke besteht darin, und das ist im Dampferbild die Felsenspalte, daß unser Leben schließlich eingeklemmt werden kann in den Druck von »Du mußt...« einerseits und den Gegendruck von »Ich will aber nicht« andererseits, also in die Falle von Dominanz und Rebellion gerät, wobei die Dominanz von der Angst vor Ablehnung und die Rebellion von der Angst, zu kurz zu kommen, lebt.

Auf dem Höhepunkt der Eskalation werden Druck und Gegendruck schlimmer, ganz gleich, ob ich tue, was ich muß, oder ob ich es lasse. Wenn ich es tue, nimmt die Rebellion zu, wenn ich es lasse, die Dominanz. Und das ist eine wirkliche Folter. Jetzt hilft nur ein Systemwechsel, sonst ist mir die Depression sicher. Es gilt auszusteigen aus diesen Zusammenhängen.

Maria und Martha

Auf dem Leistungsdampfer zu treiben ist in unserer Kultur allgemein verbreitet. Wenn wir uns dabei jedoch zur Erreichung unseres Ziels, dazuzugehören, zu gefallen, okay zu sein und alles richtig zu machen, der Glaubensinhalte und -praktiken bedienen, dann sind wir nicht nur auf dem Leistungsdampfer, sondern dann sind wir auf dem religiösen Leistungsdampfer.

In der Schrift findet sich zu diesem Thema eindrucksvoll die Geschichte von Maria und Martha. Martha tut ihre Pflicht (mürrisch und neidisch), Maria lebt Beziehung zu Jesus. Jesus nimmt eine klare

Wertung vor, welcher Platz der bessere ist: zuerst einmal zu seinen Füßen zu sitzen.

Wir alle haben wahrscheinlich beides in uns. Wir sind zugleich Martha und Maria. Die Haltung Mariens einzunehmen, ist übbar. Auf eigene Faust für Jesus zu arbeiten, mündet in Unzufriedenheit.

Todesangst

Beim Versuch, den Dampfer zu wechseln, kann Todesangst entstehen. Wenn ein Passagier zum Beispiel wegen Krankheit auf offenem Meer aus einem Schiff herausgenommen werden muß, dann geschieht das per Hubschrauber, wobei der Hubschrauber jedoch nicht auf dem Deck des Schiffes landet, sondern den Patienten mit einer Seilwinde durch die Luft an Bord zieht. In dem Moment, wo man bei diesem Manöver den Boden unter den Füßen verliert und nur noch von oben gehalten ist, entsteht, so habe ich mir sagen lassen, Todesangst. Der Zuspruch der Umstehenden ist dann nötig, ihre Liebe und Ermutigung, auch natürlich die Belehrung, daß nichts passieren kann.

Der Umstieg auf die Motivation der Liebe, des Vertrauens und des Gehorsams Gott gegenüber, des Wandels im Geist, des Wandels mit Jesus, aus der heraus auch unsere anderen menschlichen Beziehungen echter werden, geht damit einher, die bisherigen provisorischen oder falschen (scheinbaren) Sicherheiten zugunsten wirklicher Sicherheit in Gott loszulassen.

In unserem Gebetskreis wurde kürzlich eine Belehrung über die Schriftstelle nötig, nach der jeder etwas haben soll, wenn wir uns versammeln (1. Kor. 14, 26), einen Psalm, eine Lehre, eine Offenbarung, eine Zungenrede, eine Auslegung. Es bestand Gefahr, daß der Leiter mehr und mehr alles übernahm und auch allein betete. Das war ziemlich eintönig. Im Anschluß an einen solchen eintönigen Abend wurde nach den Impulsen des Heiligen Geistes gefragt, die die einzelnen hatten, denen sie aber nicht nachgekommen waren. Fast jeder hatte Eindrücke gehabt, die einzubringen er sich nicht getraut hatte. Einer hatte einen bestimmten Dankimpuls gehabt, ein anderer eine Bibelstelle, ein dritter ein Lied, das er eigentlich anstimmen wollte... Wir holten das dann noch nach. Dankimpuls, Lied und Bibelstelle paßten zueinander und machten einem Depressiven Hoffnung, der zum zweitenmal fremd und gequält unter uns weilte.

Zum Schluß war noch eine Warnung nötig. Mit der Bitte, das nächste Mal auf die Intuition des Geistes zu hören und einzubringen, was man aus dieser Quelle in sich spürt, wurde für die, die dafür empfänglich sind, auch ein Erwartungsdruck aufgerichtet. Wir machten darauf aufmerksam und ermutigten, nicht diesem Erwartungsdruck nachzugeben, sich von ihm einfach nicht beeindrucken zu lassen, ihn auszuhalten und ihm zu widerstehen. Und dennoch auf die Anstöße des Heiligen Geistes zu achten. Die auftretende Scheu zu überwinden und den empfangenen Eindrücken zu folgen, ist eine Sache des Gehorsams gegenüber Gott und nicht eine Erfüllung der Erwartungen anderer. – Das eine vom anderen zu unterscheiden übt sich.

Dieses Beispiel zeigt, daß es unter Umständen nicht dasselbe ist, wenn zwei dasselbe tun. Unser ganzes Leben wird zum charismatischen Abenteuer, wenn wir die Motivation an genau diesem Punkt umzustellen beginnen. Auch wenn wir weiterhin noch dasselbe tun wie vorher, man wird als Hausfrau auch weiterhin Kartoffeln schälen, wird es nicht mehr dasselbe sein. Es geht um die Umstellung von der Frage »Herr, was MUSS ich jetzt tun?« zu der Frage: »Herr, was hast DU vor?« Am Morgen, in der stillen Zeit, stellt man die Weichen.

Die Grenze zum Wahnsinn

Schizophrenie ist nach Benennung dieser Erkrankung, nach 50 Jahren Forschens, Beobachtens und Behandelns immer noch ein schwieriges, ungelöstes Problem. Trotz aller Fortschritte in der medikamentösen Behandlung und einer günstigen Prognose über den Ausgang der Erkrankung, sind die Auffassungen vielfältig.

Auf der einen Seite bietet die Medizin der christlichen Seelsorge nur eine unvollkommene Hilfe an, auf der anderen Seite begegnen Seelsorger und Gemeinden den »Psychotikern« mit Vorsicht, Angst und Hilflosigkeit. Diese Menschen scheinen vom Heil Jesu ausgeschlossen zu sein.

Der Lobpreis Nebukadnezars

Nebukadnezar, König von Babel, wurde seines Hochmuts wegen von Gott mit Wahnsinn bestraft. Als er sich dann aber nach Ablauf einer bestimmten Zeit vor Gott demütigte, wurde er vom Wahnsinn wieder frei.

Danach bezeugte er:

»Aber nach Verlauf der Zeit hob ich, Nebukadnezar, meine Augen zum Himmel empor, und mein Verstand kehrte zu mir zurück. Da lobte ich den Höchsten und pries den, der ewig lebt und verherrlichte ihn, dessen Herrschaft eine ewige ist und dessen Reich von Geschlecht zu Geschlecht währt, gegen welche alle, die auf Erden wohnen, wie nichts zu rechnen sind. Er verfährt mit dem Heer des Himmels und mit denen, die auf Erden wohnen, wie er will, und niemand ist, der seiner Hand wehren und ihm sagen dürfte: Was machst du?

Zur selben Zeit, als mir mein Verstand wiederkam, kehrten mit der königlichen Ehre auch meine Würde, mein gutes Aussehen wieder...« (Daniel 4, 31-33).

Dieser Lobpreis soll zu Beginn – bevor ich mit drei kleinen praktischen Beispielen schlaglichtartig zum Thema kommen möchte – in bezug auf die Heilung von Geisteskrankheiten ermutigen.

Schicksalsentscheidende Schwellensituationen

1. Ein 19jähriger junger Mann, Christ, weiß in einem Lobpreisgottesdienst, daß er jetzt auf der Stelle eine Befreiung erleben kann, wenn er es zuläßt. Ihm macht das aber äußerste Angst, und er geht ein auf ein Angebot, das er gleichzeitig in sich fühlt, nicht schnell, sondern lieber langsam frei zu werden. Er verpaßt die Befreiungschance. Einige Tage später wird er mit einer blühenden Psychose in die Klinik eingewiesen.
2. Eine erstaunlich reif anmutende Frau im mittleren Alter, gefragt danach, wie es in ihrem Leben zu dieser Reife gekommen sei, erzählt, daß sie nach Jahrzehnten voller Unzufriedenheit, Selbstmitleid, Ehestreits, Problemen mit den Kindern, eines Tages zusammen mit Freunden zu der Ent-

scheidung gefunden habe, ganz wahrhaftig zu sein. Nachdem sie kurz darauf ein bestimmtes (in geistlicher Hinsicht nicht zu empfehlendes) Buch gelesen habe, wurde sie am anderen Tag mit einem Gefühl von »Wiedergeburt«, verbunden mit intensiven Glücksgefühlen, wach. Diese (manische?) Stimmung hielt sich 14 Tage und kippte danach in eine tiefe Depression. In der Psychiatrie, in die sie sich selbst einweisen ließ, kämpfte sie dann einen Tag lang um ihre Existenz, ob sie überhaupt »sein« durfte, so nichtig und so wertlos fühlte sie sich. Immer wieder – dabei wußte sie, daß sie gegen den Wahnsinn kämpfte – sagte sie sich selbst: »Ich darf sein«.

Wenige Tage danach, immer noch unter großen Ängsten, sah sie dann ihrer Nichtigkeit ins Auge, sah ihr bisheriges Leben, sah, daß nichts in diesem Leben stimmte: »Alles war verkehrt«. Angesichts dessen, so, als sei es die Antwort auf eine leise Anfrage an ihr Herz, kapitulierte sie vor Gott, gab dieses ganze verfahrene Leben an ihn aus der Hand. Dieser kurz und still vollzogene Herrschaftswechsel hatte eine neue innere Freiheit zur Folge. Sie kam auf einen Weg des Suchens nach Gott und der Umkehr aus Sünde, geriet an Christen, begriff das Evangelium und stabilisierte sich nach und nach völlig.

3. Eine junge, gut aussehende Frau hat, vor allem wenn sie durch die Straßen geht, mit Quälimpulsen zu kämpfen, wie häßlich sie sei. Sie kämpft mit Scham, mit der Idee, alle schauten sie an.

Das geht von den normalen Belästigungen

44

durch Minderwertigkeitsideen, wie sie vielleicht jeder kennt, aus, eskaliert dann aber sehr stark. Eines Tages, als Scham und Minderwertigkeitsgefühl und das Empfinden, hohnvoll angeschaut zu werden auf einem unerträglichen Höhepunkt sind, kommt das Angebot des Wahns in dem Sinne: »Du bist eine berühmte Schönheit.« Tagträume in dieser Richtung, mit denen sie vorher gespielt hat, haben hierfür bereits den Weg gebahnt. Und so hört sie Stimmen in diesem Sinne, hört ihnen zu und genießt die Vorstellungen, die ihr vermittelt werden, was eine Einweisung in die Psychiatrie zur Folge hat. Bei einem weiteren Schub, zwei Jahre später, steigert sich die Sache unangenehm. Die Stimmen sagen nun: »Zahl es ihnen heim. Wenn sie dich häßlich finden und ablehnen, dann zieh dich doch einfach nackt aus.« Als sie das tut, wird das wieder zum Anlaß einer Einweisung in die Klinik.

Haltungssünden, gleichnamige Dämonen und okkulte Vorgeschichte

Wenn man bedrohungsorientiert und egoistisch lebt, erwachsen daraus Haltungssünden: Stolz, Habsucht, Bitterkeit, Aggressivität, Geiz, Sorge, Selbstmitleid... In »So wird man anders« von Basilea Schlink (1) findet sich die Beschreibung einer großen Anzahl von Haltungssünden. Alle zusammen repräsentieren das Wesen Satans, welches im Gegensatz steht zum Wesen Jesu, das in Liebe, Freude, Friede, Demut, Freundlichkeit... besteht. So fremdartig die schizophrene Symptomatik auch anmuten mag, sie scheint, ebenso wie die neurotische, auf dem uns allen wohlbekannten Boden der Haltungssünden zu wachsen.

In der Christlichen Therapie spielt daher für die Behandlung psychischer Störungen die Umkehr von Haltungssünden eine zentrale Rolle, was für den praxiserfahrenen Seelsorger in der Regel auch heißt: Befreiung von den gleichnamigen Dämonen. Eine ausführliche Beschreibung, was dies letztere für das Thema Schizophrenie bedeuten kann, findet sich in »PIGS IN THE PARLOR« von Hammond, Kapitel »Schizophrenie« (2).

Die Hypothese, daß die schizophrene Symptomatik auf dem Boden von Sünde gedeiht, findet sich auch bei anderen christlichen Autoren. Ebenso der Hinweis auf Sünde und okkulte Belastung von den Vorfahren her. (In der Praxis des Befreiungsdienstes ist es weitgehend üblich, die Sünden der Vorfahren in die Gebete um Vergebung mit einzuschließen, um dann mit größerer Kraft und durchschlagender Argumentation den aus der Familientradition stammenden Finsternismächten gebieten zu können und ihnen im Namen Jesu die Tür zu weisen.)

Überhöhte Ansprüche

Um an der Hand des Herrn durch bedrohliche und ärgerliche Situationen hindurchzugehen und für den Prozeß der inneren Heilung und Befreiung von Haltungssünden davon zu profitieren, spielt die

46

Aufgabe von (überhöhten) Ansprüchen eine besondere Rolle. Die Leichtigkeit oder Rigidität, mit der
Ansprüche, die sich nicht erfüllen, losgelassen werden, ist individuell verschieden, und gerade hierin
unterscheiden sich Psychotiker von Neurotikern.

Hierzu zwei Zitate von A. Ellis (3) zum Thema
»Merkmale von Personen mit Psychosen und mit
Borderline-Syndromen«:

»Neurotiker reagieren in ungewöhnlich heftiger
Weise auf die Probleme ihres Lebens, lernen aber
ziemlich leicht, mit solchen Problemen fertig zu
werden.« – »Borderline-Psychotiker und natürlich
auch einwandfrei psychotische Personen halten rigi-
de an ihren dysfunktionalen Gedanken, Affekten
und Verhaltensweisen fest, lassen sich auch durch
jahrelange psychotherapeutische Behandlung nicht
beeinflussen. Wenn sie Besserung zeigen, hängen
sie immer noch an ihren fremdartigen, zerstöreri-
schen Ideologien, und sie lassen häufig nicht von
der Überzeugung ab, sie könnten sich nicht grund-
legend ändern.«

»Walter reagiert überaus heftig auf unglückliche
Situationen, über die er wenig oder gar keine Kon-
trolle besitzt. Häufig zieht er sich wochenlang zurück, wenn etwas zwischen ihm und seinen Fami-
lienmitgliedern schief gelaufen ist. Früher hatte er
noch wenig Einsicht in die Gründe dafür, warum er
sich so benahm. Aber jetzt hat er erkannt, daß sein
Verhalten auf seine eigenen unmäßigen Forderungen an sich, an andere und an seine Umwelt zurück-
zuführen ist.«

Übermäßige Ansprüche, überhöhte Forderungen
an sich, an andere und an die Umwelt zu haben, ist

eine Beschreibung von Stolz. – Es gehört zum menschlichen Leben offenbar wesentlich dazu, fertig zu werden mit Verletzungen im Stolz, d.h. mit dem Schmerz der Frustration von Ansprüchen. Wenn jedoch Ansprüche, Frustration, Schmerz und Bitterkeit zu Riesenansprüchen, Riesenfrustration, Riesenschmerz und Riesenbitterkeit werden, dann erklärt sich das aus einer bestimmten Art von Eskalation, die, wenn man den Punkt der Umkehr verpaßt, zum nicht mehr zu stoppenden D-Zug in den psychischen Zusammenbruch wird.

Eskalation

Für den bestimmten roten Faden, den ich verfolge, noch um etwas Geduld bittend, mache ich jetzt einen Sprung zu eigenen Erfahrungen. In einer eigenen, sorgfältig reflektierten Eifersuchtskrise zeigte sich für mich, daß ich einen überhöhten Nähe- und Besitzanspruch an meinen Mann hatte. Der Anspruch wurde frustriert, was mit Schmerz und Angst verbunden war. Jedesmal, wenn das geschah, gab es zwei Möglichkeiten zu reagieren. Eine davon war: empörtes, beleidigtes Übelnehmen, um damit den Schmerz abzuwehren und auf meinem Anspruch zu bestehen. Wenn ich das geschehen ließ, es geschah wie von selbst, dann setzte sich die Bitterkeit sozusagen in den erlittenen Schmerz (in die Wunde) – und konservierte ihn.

Reagierte ich auf die nächste Verletzung ähnlicher Art wieder mit Übelnehmen, so addierten sich der neue zum alten Schmerz und die neue zur alten

Bitterkeit und dies immer so weiter – so oft und so lange, bis ich völlig verwundet und verletzt war und auf die leisesten Reize immer empfindlicher und schließlich allergisch reagierte. So bekam ich am Ende schon einen schmerzhaften Stich, wenn mein Mann eine Katze streichelte. Es kam der Punkt, wo ich mich an die Eifersucht verloren hätte, wenn ich nicht, auf eine leise, aber deutliche innere Warnung hörend, Gott sei dank rechtzeitig, den unumstößlichen Entschluß gefaßt hätte, den Schmerz der Eifersucht ab sofort zu ertragen und zu vergeben. In dem Maße wie das gelang, ließ ich Bitterkeit und Ansprüche nach und nach wieder los und wurde schließlich von Eifersucht völlig frei.

Was für Eifersucht gilt, gilt für andere psychische Verletzungen ebenso. Es gibt immer zwei Möglichkeiten, auf den Schmerz der Frustration von Ansprüchen und Erwartungen zu reagieren, wie die Übersicht auf Seite 50 zu zeigen versucht.

Grenzen

Unter dem Gesichtspunkt von »Grenzen« komme ich jetzt noch einmal zu dem anfangs erwähnten 19jährigen Jungen. Nach der Pubertät traten Einbrüche von Stolz, vor allem in Form von übermäßigen Ansprüchen an sich selbst und an andere, in Erscheinung, außerdem auch eine Haltung von Kritik, mit der er sich und andere für geringfügige Fehler aufs schärfste verurteilte. Die aufmerksam gewordenen Freunde und Angehörigen hofften darauf, daß alles Übermäßige seine Grenze und Korrek-

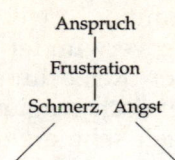

Anspruch
|
Frustration
|
Schmerz, Angst

A. Annahme des Schmerzes

der Schmerz wird durchlebt,
durchtrauert, vergeben
|
die Sache erledigt sich
|
Reifeschritt gelungen
(Stolz = Ansprüche reduziert)
|
weniger Angst, mehr Kraft,
mehr Freiheit

B. refelexhaftes, empörtes oder
beleidigtes übelnehmen, um
den Schmerz abzuwehren und
auf dem Recht der Erfüllung
des Anspruches zu beharren.

Das Übelnehmen sitzt in der
Wunde und hindert sie zu
heilen,
|
neue Verletzungen in dieselbe
Kerbe, erneut reflexhaft
anspringendes Übelnehmen.

Der nichtvergebene Schmerz heilt
nicht, summiert sich auf, man wird
immer empfindlicher, Angst kommt
hinzu.

Eskalation bis zur Allergie
(chronisch gereizt)
|
unverständliche Reaktion
(Man nähert sich der Grenze
zum Wahnsinn.)

tur in der Realität finden würde in dem Sinne: »Das
Leben selbst wird ihn lehren.« Beim Ausbruch der
Psychose sahen sie zu ihrem Entsetzen, daß nicht
die Ansprüche an der Realität zerbrachen, sondern
daß (im Wahn) die Realität an den Ansprüchen zer-
brach. Offenbar besteht eine generelle Möglichkeit,
uns beim -Aufprall auf Grenzen zurückzunehmen,
Ansprüche loszulassen, da heißt, uns zu demütigen

oder Grenzen, Barrieren zu durchbrechen, um dann bleiben zu können, wie wir sind. Mit anderen Worten: Starker innerseelischer Druck kann nutzbar werden für tiefgreifende Haltungsänderungen, die wiederum eine ungeahnte Freiheit und Gottesnähe zur Folge haben können. Andererseits kann der Druck sich so auswirken, daß Grenzen durchbrochen werden, zum Beispiel die Grenze zum Alkoholismus, wenn man es sich zur Gewohnheit macht, quälendem Druck mit Hilfe von Alkohol auszuweichen. Ob das eine oder das andere eintritt, hängt nicht nur von der Stärke des inneren Drucks ab, sondern auch von der Beschaffenheit (der Stabilität) der Grenzen, ob zum Beispiel zum Alkoholismus hin eine Grenze in Form eines festen Entschlusses besteht in dem Sinne, daß Alkohol als Hilfsmittel für seelische Not nicht in Frage kommt.

Die Bibel leitet uns an, bereits Kindern Grenzen zu setzen (auch durch »Züchtigung«). Das Wort Gottes, wenn es in uns wohnt, setzt Grenzen und Strukturen und wird damit zur sicheren Wegweisung. Autoritäten, die man akzeptiert und denen man sich unterordnet, stellen Grenzen und Halt dar. Der Bund der Ehe, wenn er als unauflöslich angesehen wird, gibt Halt und Grenze. Daß die realitätsgerechte Wahrnehmung eine Grenze ist, die man auch noch überschreiten oder durchbrechen kann, das ist das Phänomen des Wahnsinns, dem wir so staunend gegenüberstehen. Die letzte Grenze, die zu verletzen Satan denjenigen verführen will, der sich angewöhnt hat, gegen Grenzen zu rebellieren, statt sie zu akzeptieren, ist die zwischen Leben und Tod mit dem Angebot zum Selbstmord.

Spaltung

Zurück zur Eifersucht. Wenn ich eifersüchtig reagiere, dann erlebt ja mein Mann auch etwas, und zwar wird mein Klammern und Fordern für ihn zum Schmerz, zum Frust in bezug auf seine Freiheitsansprüche. Wenn er mir nicht vergibt, wird bei ihm auch eine Empfindlichkeit entstehen, und es kommt dahin, daß wir beide allergisch aufeinander reagieren. Gibt es da keine Umkehr, kein Vergeben, dann führt Eifersucht zur Trennung, zur Spaltung.

Etwas Ähnliches geschieht, wenn Eltern, in ihren Gehorsamsansprüchen an die heranwachsenden Kinder frustriert, deren Rebellion nicht vergeben, während die Kinder ihrerseits Reglementierung und Beeinträchtigung ihrer Freiheit nicht verzeihen. Auch hier, wenn man sich nicht versöhnt und keine Lösung findet, kommt es durch Eskalation zu gegenseitiger Feindschaft. Die Beziehung bricht auseinander.

Eine derartige Spaltung kann auch in ein und derselben Person stattfinden. Ein Teil der Person fordert herrisch: »Du mußt schön (schlau, fromm, perfekt, besonders...) sein«. Der andere Teil ist darüber ärgerlich und reagiert gereizt oder gar verzweifelt: »Ich will aber nicht.« Oder: »Ich kann aber nicht.« Beide Teile geraten in Feindschaft zueinander, und so kann es zu einer doppelten Selbstablehnung und zur Spaltung der Person kommen.

Psychotherapeutische Erfahrungen mit schizophren Erkrankten lassen rückschließen auf derartige Prozesse. Der Anspruch an Vollkommenheit oder Bedeutung steht dem Anspruch auf Genuß oder Freiheit gegenüber. Beide Ansprüche werden mit verschiedenen Personanteilen vertreten und in einer sich gegenseitig frustrierenden Weise bis zur doppelten Selbstablehnung (mit schließlicher Spaltung) gesteigert.

Diese verrückten, mit größten Schmerzen verbundenen Charakterstrukturen sind aber nicht nur bei Psychotikern anzutreffen, sie sind ziemlich allgemein verbreitet. Der Unterschied zwischen einer psychotischen und einer »normalen« Person besteht darin, daß man normalerweise die oben geschilderten Abläufe nicht bis zum Zusammenbruch eskalieren läßt, sondern vorher Ansprüche losläßt.

Warum nun eine von Schizophrenie bedrohte Person dies nicht rechtzeitig tut, warum sie so »hoch pokert«, bleibt offen. Wir wissen nicht, ob der Stolz zu krass ist, die Grenzen zu schwach oder am falschen Platz sind, welche Rolle Dämonen spielen oder ob zum Loslassen ein Urvertrauen gehört, das hier fehlt.

Die Liebe Gottes

Meine Betrachtungen abschließend, möchte ich eine Begebenheit berichten, die sich in einem israelischen Waisenhaus zugetragen hat: Ein kleines Mädchen hielt eine Scherbe in der Faust, die es nicht hergeben wollte. Es war nicht möglich, das Kind dazu zu bringen. In der Faust stank es schon. Die Handfläche war verwundet und konnte nicht versorgt werden. Ein junger Mann kam dem Kind mit Gebet zu Hilfe. Während er vorwiegend in Sprachen betete, öffnete das Kind unter der Salbung und Wärme des Heiligen Geistes seine Hand, gab die Scherbe preis und konnte Heilung und Versorgung seiner Wunde erfahren.

Dies soll am Ende eine Andeutung sein, welche Hoffnung in der Liebe liegt, besonders in der Liebe Gottes, wenn sie durch Gott selbst oder durch uns fließen kann zu dem, der es ohne Liebe nicht wagen würde, loszulassen, was ihn permanent und in sich steigender Weise verletzt.

Literatur:

1) M. Basilea Schlink,
   So wird man anders,
   Darmstadt 1983

2) Frank & Ida Mae Hammond,
   PIGS IN THE PARLOR, Impact books, INC.
   137 W. Jefferson Ave., Kirkwood, Mo. 63122

3) Ellis und Grieger,
   Praxis der rational-emotiven Therapie,
   Urban und Schwarzenberg 1979

Seelischer Schmerz und die Angst davor

oder
Die Fähigkeit zu trauern

»Man kann Leid auch vergeuden«. Dieser Satz aus einem Buch, das ich neulich las, hat mich aufhorchen lassen. Gemeint war, in der Bedrängnis des Alltags, in seelischen Nöten, in Auseinandersetzungen, Sorgen oder Ängsten., in den üblichen leidvollen Problemen also, die sich vielleicht schon zugespitzt haben, die dabei sind, zu eskalieren, die man nicht gelöst bekommt, – zu klagen oder unzufrieden zu reagieren, übelzunehmen, Selbstmitleid zu entwickeln, sich zu empören oder zu ereifern. Das nannte der Autor »vergeudetes« Leid.

Demgegenüber kann ich gerade im Leid die heilende und befreiende Wirkung der Erlösung an mir erleben, und zwar einfach, indem ich nicht klage, nicht unzufrieden bin, nicht murre, nicht ärgerlich reagiere, sondern mit Gott zusammen das Leid spüre, den Schmerz der Enttäuschung zulasse, durchtraure und vergebe. – Durchexerziert habe ich das selbst bei Eifersucht.

Die biblische Anweisung, die linke Wange auch hinzuhalten, wenn uns einer auf die rechte schlägt, den Feind, der uns verletzt, zu lieben, zu segnen, zu speisen, für ihn zu beten, ihm so zu vergeben, wie Gott uns vergibt, das klingt zuerst so, als ob wir zu der erlittenen Not noch eine zusätzliche Last aufgebürdet bekämen. Wir können zunächst nicht einsehen, daß gerade in diesem Gebot die Hilfe für uns selbst liegt.

Um auf bestimmte Herausforderungen (bestimmte Signale im Verhalten meines Mannes) nicht in zerstörerischer Weise mit Eifersucht zu reagieren oder genauer, um endlich damit aufhören zu können, habe ich regelrecht experimentiert. Ich wollte wissen: »Welcher Schmerz treibt mich zu empörten oder beleidigten oder klammernden Reaktionen. Dieser Schmerz muß doch zu lokalisieren und auch auszuhalten sein!« Ich wollte mich von der Angst vor Schmerz nicht manipulieren lassen zu Reaktionen, die nicht nur ihrerseits sehr schmerzhaft und ungeschickt, sondern nach biblischer Auffassung auch Sünde waren und mich von Gott trennten. Und nun bin ich überrascht, wieviel innere Befreiung das Aushalten und Vergeben des Schmerzes zur Folge hatte – auch wenn es anfangs fast gar nicht und dann nur hin und wieder ein wenig gelang. Eines Tages war das Problem erledigt. Ich fürchtete diesen bestimmten Schmerz der Eifersucht nicht mehr. Zuerst war die Furcht vor diesem Schmerz überwunden und dann auch der Schmerz selbst. Unterdessen war in mir eine neue Haltung entstanden, mit der ich viel gelassener leben konnte. Ich hatte etwas, was ich sowieso nicht bekam, losgelassen (ausführlicher berichtet in H. Baar: Quälgeist Eifersucht. Rottendorf 1994²). Damit war nicht nur die Eifersucht verschwunden, in der neuen Haltung war ich auch geduldiger, liebe-, freude-

und erlebnisfähiger. Eine eindrucksvolle Erfahrung! Und alles kann ich dem anderen sagen, wenn ich vergeben habe. Da muß nichts verdrängt oder vertuscht werden.

Bei anderen Problemen verhält es sich ähnlich. Wenn ich mich unter bestimmten Umständen immer wieder auf dieselbe Weise unangemessen verhalte, dann ist doch die Frage naheliegend: »Wie muß ich mein Verhalten nennen? Um welche Sünde handelt es sich? Und warum sündige ich auf diese Weise immer wieder?« Da muß doch ein Schmerz sein, dem ich mit meinem Verhalten zuvorkommen will, eine Not, die ich mehr fürchte als die Sünde. Und wenn das so ist, dann will ich das verstehen und beenden. Ich will doch nicht der Gefangene meiner eigenen destruktiven Reflexe und unguten Gewohnheiten sein. Da wird ein gesunder Trotz in mir wach: Was manipuliert mich da? Wieder die Angst vor Schmerz? Vielleicht ist es ein Schmerz, der mich gar nicht tötet, eine Bedrängnis, die durchaus auszuhalten ist.

Es sind also bei seelischem Schmerz einerseits die unnützen, irrationalen Qualen der Schmerzabwehr zu unterscheiden, andererseits der ihnen zugrunde liegende eigentliche, unbewältigte Schmerz, der aus der frühen Kindheit stammt.

Jeder Mensch erlebt in einem sehr frühen Alter eine Art Vertreibung aus dem Paradies. Die absolute Verläßlichkeit der Elternbeziehung erweist sich als brüchig. Die absolute, bedingungslose Liebe schlägt um. Forderungen, Überforderungen, Ermahnungen, Tadel treffen uns. Erschrocken spüren wir Ablehnung und das Ungerechte (erst verlangen sie etwas, was man nicht kann, und dann schimpfen sie auch noch!) – oder wie sich der offenbar nicht zu vermeidende »Wirbruch« (Künkel) auch gestalten mag.

Auf die Vertreibung aus dem Paradies bedingungsloser Liebe und völliger Versorgung, ohne daß wir ein Fingerchen rühren müßten, reagieren wir, wenn auch individuell mit unterschiedlicher Intensität, sauer (oder bitter). Vielleicht gibt es auch Kinder, die – behutsam geführt – einwilligen, ohne übelzunehmen, gehorchen, ohne aufzubegehren, mutig und aktiv bleiben, ohne zu resignieren oder zu erlahmen, freundlich bleiben, ohne selbstmitleidiges Beleidigtsein und die immer wieder neuen »Schwellen« (Schultz-Hencke) nehmen.

Wo das aber nicht gelingt, und das dürfte die Regel sein, da bilden sich auf dem Boden des Schreckens, der Angst, des Schmerzes im Charakter auf einmal oder allmählich Rebellion, Stolz, Nichtvergeben, Neid, Haß und so weiter, also Haltungen der Sünde oder, wie sie kurz genannt werden, Haltungssünden.

Unsere weitere Entwicklung geht – am Schrecken vorbei und ihn meidend – in bestimmte Bahnen, so daß man lebenstüchtig oder zumindest lebensfähig bleibt oder wird, immer aber die Schmerz- und Angstvermeidung als Motiv im Rücken behält bzw. auf der Suche bleibt nach dem verlorenen Paradies oder wenigstens nach Zielen, die Züge dieses Paradieses tragen.

Heilung geschieht rückläufig. – Wir finden uns, wenn wir uns zu Jesus Christus bekehren, mit diesen tief eingefleischten Gewohnheiten vor, die

58

uns nach und nach immer bewußter werden. Indem wir uns entscheiden, sie abzulegen, stellen wir zunächst irritiert fest, daß das gar nicht so einfach geht. Bestimmte, fast reflexhafte, meist gut verborgene Reaktionen von Feindseligkeit, Übelnehmen, Eifersucht, Neid, Stolz, Feigheit, Unterwürfigkeit... erweisen sich deshalb als so hartnäckig, weil wir mit ihrer Hilfe genau dem Schmerz entkommen wollen, vor dem wir auf eine kindhafte Weise immer noch die höchste Angst haben.

Wenn wir uns hier nun trotz Angst und Schmerz gegen die Sünde entscheiden und in Geduld und aus der Kraft des Geistes Gottes die Umkehr antreten, dann kommen wir von den Qualen der Schmerzabwehr, von den Qualen des Stolzes, der Rebellion, der Aggression, des beleidigten Übelnehmens... und deren Folgen zum eigentlichen, zum zugrundeliegenden Schmerz, zu dem Punkt, wo die Haltungssünden einst angefangen haben, zu dem Schmerz, der noch gelebt werden möchte, der keine Ruhe läßt, bevor er nicht gespürt, ertragen und durchtrauert ist. Im bloßen Einwilligen, im Trauern, im Stillehalten und Warten auf Gott empfangen wir aber Heilung und erleben, daß hier nun, an diesem schwer zugänglichen Punkt, wenn er bloß liegt, wenn ich ihn ins Licht bringe und ihn der Liebe Gottes aussetze, tiefgreifende charakterliche Veränderungen passieren. Tiefenheilung und Tiefenbekehrung werden möglich, das heißt da, wo meine Lebenskraft in falsche charakterliche Bahnen geraten war, stellen sich die Weichen um. Lebenskraft und Lebensfreude werden wieder verfügbar.

Es kommt, damit dies geschieht, nicht darauf an, alle diese Zusammenhänge zu verstehen oder erst Psychologie zu studieren. Es reicht, in den Gebetszeiten vor Gott wahrhaftig zu sein, mich auch mit Schmerz und Trauer vor ihm auszudrücken und zu akzeptieren, daß ich meinem Nächsten so vergeben soll, wie Gott mir vergibt: völlig.

Die Entscheidung, dem Schmerz durch Sünde nicht mehr auszuweichen, ist die Entscheidung, Gott mehr zu fürchten als meinen Schmerz, und setzt die biblischen Verheißungen der Gottesfurcht für mich frei. Es handelt sich um Verheißungen eines völlig befriedigten, gesegneten Lebens. »Die Furcht des Herrn ist eine Quelle des Lebens« (Spr. 14.27).

Gebet

Herr, ich bin bereit, dein Licht heranzulassen an meine Komplexe aus Sünde, Angst und Schmerz. Ich will mich mit dir zusammen der Angst und dem Schmerz stellen und nicht mehr in Sünde ausweichen. Ich will von aller Sünde, so wie ich sie erkenne, umkehren, auch wenn es ein mühsames Umlernen ist. – Herr, hilf mir auch gegen die tiefsitzenden Ängste und befreie mich davon. Laß sie in deinem Namen gebunden und verbannt sein aus meinem Leben. Unter dem Schutz deiner Erlösung widerstehe ich ihnen und der ganzen Macht des Feindes, die mein Leben zerstören will. – Herr, und auch meine Schmerzen sind in deinen Wunden geheilt. Ich kann es bei mir selbst aushalten – mit dir zusammen. Ja, ich will keinen Schmerz mehr fürchten als dich. In meinem Leben bist du der Herr und nicht die Angst vor schmerzlichen Erfahrungen. Herr, erfülle mich mit deinem heiligen Geist. Danke. Amen.

Hilfen in Krisen*

Wenn es mir »schlecht« ging, das heißt, wenn der Komplex aus Verzweiflung, Selbstmitleid, Übelnehmen, Resignieren und so weiter »ansprang«, über den ich nicht in eigener Kraft Herr werden konnte, dann half es:

– mich selbst zu fühlen, alles in mir zuzulassen, zu spüren und mich damit in Gottes Gegenwart zu begeben, mich ihm hinzuhalten im Bewußtsein, daß Gottes Geist ein Geist der klärenden Ordnung ist über jedem wüsten Tohuwabohu, ein Geist der Heilung, der Wahrheit, der Liebe. Die Bibel nennt das »Harren auf den Herrn«. Es gab jedesmal Hilfe. Und eigentlich gab es die Hilfe nur so.
– bei negativen Stimmungen durch das Aufschreiben im Tagebuch herauszufinden, was ich eigentlich glaubte und was ich auf Grund dessen fühlte und wollte: Jeder negativen Stimmung liegt ja ein Glaube, meist ein Irrglaube, zugrunde. Es half mir, wenn ich versuchte, das genau herauszufinden und es niederschrieb und dann die Wahrheit, die viel leiser und unaufdringlicher ebenfalls in mir war, dagegen setzte. (Ich

* Aus Hanne Baar, Quälgeist Eifersucht, Die Geschichte einer Heilung: Mit einem Nachwort von Karl-Herbert Mandel, Hymnus-Verlag, 97228 Rottendorf 1994

möchte anmerken, daß das viel Spaß gemacht hat, ja, fast zum Sport geworden ist. Dennoch war es geistlicher Kampf.).

- mich mit starken negativen Affekten im Tagebuch auszudrücken, ja regelrecht gehen zu lassen. Das Absurde kam dann zu Tage, unter Umständen auch das Böse. Die Sünde zeigte ihr Gesicht. Sie verriet ihren Namen, zum Beispiel »Haß«. Umkehr war möglich.
- Sünde zu bekennen, auch dann, wenn die Sünde vorwiegend unwillkürlich war. Es war hilfreich, Selbstmitleid als Sünde zu bekennen, aber auch Unversöhnlichkeit (wenn ich trotz bestem Willen etwas nicht vergeben konnte), Verzweiflung, Niedergeschlagenheit, Eifersucht. Es half, derartige Haltungssünden zu bekennen, zu bereuen, Umkehr zu wollen, Lossprechung anzunehmen und mich dann auch als von solchen Sünden gelöst zu erachten. Das setzte immer einen Fuß zwischen die Tür zur Freiheit, wenn sie zugeschlagen war.
- kapitelweise in der Bibel zu lesen und dabei Gottes Reden in meine Situation hinein zu erwarten und ernst zu nehmen.
- Gehorsamsschritte (kleine, unscheinbare oft) auf einen Weg hinaus zu tun, der mir Angst machte. Gott kam mir auf meine kleinen Schritte hin mit großen entgegen. Denn: Wenn wir uns ihm nahen, so naht er sich uns (Jak. 4.8). – Jeder kleinste Gehorsamsschritt in den Bereichen, die mir so schwer fielen, hatte eine Horizonterweiterung zur Folge. Er zog mich aus der Enge der Angst auf weiten Raum. Bewußtheit und Erkenntnis

waren eine Folge dieses Gehorchens (und nicht umgekehrt).

– wenn sich in den stillen Zeiten vor Gott, in seiner Gegenwart und seinem Licht, Lügen entlarvten, die ich zutiefst glaubte, solche Lügen dann im Namen Jesu zu zerstören und durch die entsprechende Wahrheit zu ersetzen. Die erkannte Wahrheit nahm ich dabei ausdrücklich in mein Denken auf.

– auch in den dunkelsten Minuten, wenn ich gar nicht beten konnte, mit der ganzen Verschlossenheit, mit Wut und Haß, Verzweiflung, ja, vielleicht sogar mit Aggression gegenüber Gott, mich doch ihm hinzuhalten, mich ihm zu stellen, ihm zu zeigen, wie die Realität meines Herzens ist, wenn es gedemütigt oder frustriert wird, gerade das im Gebet direkt auszusprechen, es zu bekennen und nicht fromm zu übergehen.

– die Beziehung zu Eltern und Geschwistern zu bereinigen, das heißt, ihnen zu vergeben und um Vergebung zu bitten, sowie ein schuldhaftes Verhalten bewußt wurde.

– für Verletzungen aus der Kindheit um Heilung zu beten und diese Heilung auch im Glauben zu ergreifen. Wenn Szenen aus der Kindheit ins Bewußtsein kamen, in denen ich gelitten hatte, dann war es hilfreich und befreiend, vorstellungsmäßig zurückzugehen in die jeweilige Situation, Jesus hineinzunehmen in diese Erinnerung, seine Anwesenheit in der Szene zu erleben und ihm zu sagen, wie es mir ging, vielleicht zu weinen, ihn zu fragen, wie ich das Problem lö-

sen, bewältigen, verkraften solle und so weiter
– und dann auch darauf zu hören, was er sagte,
auch auf seinen Trost.
– zu verstehen, daß Gott mir viel mehr schenken
will als nur die Veränderung meiner Umstände.
Es brachte mich weiter, zu wissen, daß Gott in
unsere Krisen hineinfragt: »Bestimmte Umstände quälen dich. Du möchtest, daß ich sie ändere.
Soll ich nicht lieber dich ändern? Willst du mir
glauben, daß ich dich ändern, heilen und be-
freien kann? Sonst bleibst du doch jagbar, erpreßbar, bedrohbar von dem, was du so fürchtest!«
– Und weil ich seine Liebe spürte, wagte ich, zu
sagen: »Ja, Herr, ändere nicht die Umstände, bevor sie nicht ihren Dienst an mir getan haben.!«
– grundsätzlich und immer, sozusagen als Funda-
ment für alles andere, an die Macht der Erlösung zu glauben, Jesus als den Herrn zu erheben
und zu preisen, seinen Sieg vor mir selbst, vor
anderen und in die geistliche Welt hinein zu proklamieren, zu wissen, welchen Wert ich vor Gott
habe, daß ich teuer erkauft bin und daß meine
Rechtfertigung von ihm kommt.
– nicht die Hilfe von meiner eigenen Anstrengung
zu erwarten und zu denken: Erst, wenn ich so
und so viel geleistet habe, ist Gott mir gnädig.
Nein: Weil Gott alles für mich bereits getan hat,
gebe ich mich ihm froh hin und gehe mit, wie er
mich führt, immer wieder aufs Neue.

Gebetskampf

Wenn in meiner Familie Krankheit und Bedrohliches in die Mitte rücken, in die Mitte unseres Erlebens, und daraus Gott vertreiben wollen, den Glauben an ihn und seinen Sieg über Not, Krankheit, Gewalt, Sünde und Tod, dann proklamieren wir in die geistliche Welt hinein, woran wir glauben. Wir glauben nicht an die Macht der Krankheit, an die Macht des Unglücks, des Bösen, der widrigen Umstände, des Verderbens, wir glauben an Gott, an seine Liebe, an seinen Sieg über die Mächte der Finsternis, an die Erfüllung seiner Verheißungen. – Es wird spürbar, wie Gott dann unter uns Raum bekommt, er, dessen Wesen Heilung ist und dessen Geist fertig wird mit jeder Art von Tohuwabohu. Je zittriger unsere Seele ist, um so nötiger wird es, Siegeslieder zu singen. Vielleicht geschieht dies eine Weile mehr mit den Lippen als mit dem verängstigten Herzen. Aber zu glauben übt sich und hängt mit dem Bekenntnis unserer Lippen eng zusammen.

Ohne Glauben ist es nicht möglich, Gott zu gefallen. Gerade schwere Zeiten bieten die Chance, glauben zu üben.

Wenn mich selbst etwas quält, bin ich oft ein trauriger Vertreter der Heilsbotschaft. Viel näher liegt es mir dann, zu jammern oder anzuklagen. Aber weil das ja weder attraktiv noch effektiv ist, raffe ich mich auf, am besten mit Glaubensgeschwistern

zusammen, und proklamiere den Sieg meines
Herrn vor mir her, manchmal mit letztem Flüstern:

Jesus Christus, Sohn Gottes,
ich preise dich.
Ich preise deine Herrschaft
über meinem Leben
und über meinen Lebensumständen.
Du bist der uneingeschränkte Herr,
der Herr der Herren,
der König der Könige.
Dein Name ist über alle Namen.
Nichts kann dir widerstehen,
auch wenn es sich
noch so bedrohlich aufbauscht.
Dir ist alle Macht gegeben
im Himmel und auf Erden.
Du bist auch der Herr
über mein Problem.
Der Böse darf mir nicht schaden,
weil ich dir gehöre.
DEIN ist die Macht.
Jedes Knie muß sich beugen
und jede Zunge muß bekennen,
daß DU der Herr bist.
Du bist es, der meine Schuld trug.
Du bist der Arzt, der mich heilt.
Du bist der gute Hirte, der mir nachgeht,
dessen Stimme ich unterscheiden kann.
Du bist der Weingärtner,
der die Rebe beschneidet,
damit sie mehr Frucht bringt.
Du bist der,

der das geknickte Rohr nicht bricht
und den glimmenden Docht
nicht auslöscht.

Dein Reich ist angebrochen unter uns.
Jesus Christus,
mein Licht und mein Heil.
Wen sollte ich fürchten?
Da du für mich bist,
wer sollte wider mich sein?

Auf dein Handeln will ich warten,
auf dein Reden will ich hören.
Herr, verherrliche dich! Amen.

In derselben Reihe erschienen:

Hanne Baar

Gott macht das Schwache stark

Essays zum Nachspüren

Hymnus-Verlag,
97228 Rottendorf 1995

Taschenbuch, 68 Seiten

ISBN 3-9803801-3-0

Aus dem Inhalt: Druck, Streß und „Keine Zeit" – Das feine, freie Zusammenspiel von Wille und Gewissen – Den Riegel lösen, ein Beitrag zum Thema Resignation – Liebessehnsucht und Bindungsangst – Die Chance von Krisen – Awareness – Heilung von Beziehungswunden

Hanne Baar

Gott macht alles neu

Essays zum Nachspüren

Hymnus-Verlag,
97228 Rottendorf 1995

Taschenbuch, 68 Seiten

ISBN 3-9803801-4-9

Aus dem Inhalt: Charismatische Erneuerung, ein Geschenk Gottes an unser Jahrhundert – Amazing grace – Das Übel nicht nehmen – Das Übel im Leib – Diagnose „Krebs" – Diagnose „Schizophrenie" – Verhängnisvolle Dreieicksbeziehungen – Das „Keine-Zeit"-Syndrom – Mein Gottesbild

Hanne Baar

Quälgeist Eifersucht

Die Geschichte einer Heilung
Nachwort
von Karl Herbert Mandel

Hymnus-Verlag,
97228 Rottendorf 1994
Paperback, 92 Seiten
ISBN 3-9803801-1-4

Eifersucht ist ein Zustand mit eigener, vergifteter Wahrnehmung, eigenem, vergiftetem Denken, eigenem, vergiftetem Fühlen und Handeln. Eifersucht hält uns in Schach mit dem, was wir am meisten fürchten: beiseite geschoben zu werden für jemand oder etwas anderes.

Hanne Baar ist in ihrer psychologischen Beratungspraxis der Eifersuchtsnot oft begegnet und hat sie zu heilen versucht. Trotzdem und wider alle Vernunft hat es sie eines Tages selbst getroffen. Von ihren ganz persönlichen Erfahrungen mit der Eifersucht berichtet sie in diesem Buch.

Hanne Baar

Die Namen meiner Feinde

Haltungssünden unter der psychologischen Lupe

Hymnus-Verlag,
97228 Rottendorf 1994

Taschenbuch, 115 Seiten

ISBN 3-9803801-2-2

Viele Menschen fühlen sich heute unter Druck, manche permanent und in sich steigernder Weise, sie sind geradezu druckallergisch. Alles wird ihnen zu eng: Kleider, Vorschriften, Termine, Erwartungen und Ansprüche anderer. Vor allem quält sie aber der Druck, der von den Bergen unerledigter Arbeit ausgeht. Das Ergebnis ist ein beständiges Gefühl von Überforderung, das alle Freude tötet.

In dem hier erzählten Zeugnis einer inneren Heilung und Befreiung kommt nach und nach zum Vorschein, was bei diesem Geschehen das eigentlich Zerstörerische ist. In der Bereitschaft, sich im Licht der Wahrheit, das von Gott kommt, der inneren Erlebniswelt zu stellen, zeigen die Feinde ihr Gesicht und verraten ihren Namen.

„Ich muß sagen, daß ich von diesem Innenweltkrimi begeistert bin. Ich habe ihn in einem Zug durchgelesen." (Wolfhard Margies)